SCÈNES RÉVOLUTIONNAIRES

(¹) La Bibliothèque Nationale

Laigle (Orne)

BARRA & VIALA

PAR

A. ALMAGRO

LAIGLE

IMPRIMERIE DE PASCAL MONTAUZÉ

4, RUE DES TANNEURS, 4

—

1880

BARRA ET VIALA

On lisait il n'y a pas longtemps dans une feuille publique :

« Les républicains de la commune de Palaiseau
« viennent d'ouvrir une souscription pour l'érec-
« tion d'une statue au jeune Joseph Barra, ce
« petit volontaire des régiments envoyés pour
« combattre les révoltés de la Vendée qui, pris
« dans une embuscade de l'armée royaliste, pré-
« féra se laissser fusiller plutôt que de crier
« vive le roi, comme on le sommait de le faire.
« Joseph Barra avait quatorze ans ; il était né à
« Palaiseau (Seine-et-Oise). »

La mort de Joseph Barra et celle d'un autre jeune volontaire, Agricole Viala, tué vers la même époque en combattant contre les révoltés du Midi, furent suivies d'une éclatante apothéose ; la Convention pleura sur leurs cendres, vanta leur héroïsme et le proposa en exemple à la jeunesse française. On célébra en leur honneur des fêtes funèbres tant à Paris que dans les départements; on en célébra une à Laigle d'un caractère étrange et dramatique. Nous allons, en quelques lignes, évoquer ces vieux souvenirs et remettre en lumière deux noms rendus un instant célèbres, puis retombés dans le plus profond oubli [1].

---

(1) Les documents dont nous nous sommes servi proviennent en grande partie de la collection de notre éminent bibliophile, M. L. de la Sicotière.

I

Parvenu au faîte de la puissance, Robespierre conçut le dessein de fonder un culte national dont il eût été à la fois le législateur et le pontife. La religion catholique avait été abolie ; ses ministres étaient proscrits, errants, traqués comme des bêtes fauves, livrés à la hache du bourreau ou au fer des assassins, mis hors la loi, hors la justice, hors l'humanité. Plus de cérémonies ni de chants pieux ; les églises dévastées servaient aux plus vils usages et quelques unes même avaient été profanées par les saturnales de la déesse Raison. C'était le moment d'élever sur les ruines du passé l'édifice du nouveau culte, en l'accommodant aux goûts, aux idées et aux passions du jour. En cette occasion, Robespierre ne fut pas uniquement guidé par les intérêts de son ambition et par les inspirations de son orgueil ; disciple et admirateur de Rousseau, il était jaloux d'imposer à la France les doctrines philosophiques du maître, de propager la religion de la Nature et d'asseoir son Être suprême sur les autels déserts du Dieu des chrétiens.

Le 18 floréal de l'an II (7 mai 1794) il parut à la tribune de la Convention et lut un rapport rédigé dans le style déclamatoire, dogmatique et solennel qui était le genre d'éloquence de l'époque. Il s'y déchaînait avec une égale violence contre le christianisme et l'athéisme, contre les prêtres, les agents de Pitt, les corrompus, les conspirateurs et les athées, et proposait de proclamer les vérités éternelles : l'existence de Dieu et l'immortalité de l'âme humaine. Il s'agissait d'inaugurer sur la terre le règne de la vertu, d'exstirper les vices, de combattre la trahison et la tyrannie. La vertu, il en était lui-même, aux yeux de ses dévots, la plus haute personnification, et, quant aux vices, il en faisait généreusement l'apanage de ses adversaires que, grâce à cette ingénieuse distinction, on allait pouvoir immoler sans le moindre remords.

L'Assemblée entra dans les vues de l'orateur et rendit un décret qui contenait ces déclarations : « Le peuple français reconnaît l'existence de « l'Etre suprême et de l'immortalité de l'âme. Il « reconnaît que le culte digne de l'Etre suprême « est la pratique des devoirs de l'homme. Il met « au rang de ses devoirs de détester la mauvaise « foi et la tyrannie, de punir les tyrans et les « traîtres, de secourir les malheureux, de res- « pecter les faibles, de défendre les opprimés, « de faire aux autres tout le bien qu'on peut et « de n'être injuste envers personne. » Maximes fort belles assurément, mais qui étaient indignement violées par ceux qui les avaient sans cesse à la bouche, car ces hommes qui s'élevaient avec tant de force contre l'oppression et la tyrannie furent les pires des tyrans et les plus cruels oppresseurs du peuple. Le même décret, par une suprême dérision, proclamait la liberté des cultes !

Toute religion a besoin d'une pompe extérieure qui parle aux yeux et frappe l'imagination. Robespierre va y pourvoir en instituant des fêtes civiques, destinées à remplacer et à faire oublier les brillantes cérémonies du catholicisme. Parmi ces fêtes, les unes devront rappeler les grands anniversaires de la Révolution : le 14 Juillet, le 10 Août, le 21 Janvier, le 31 Mai ; les autres, sous le nom de fêtes décadaires, seront consacrées à l'Etre suprême et à la Nature, au Genre humain, aux Martyrs de la Liberté, à la République, à la Haine des tyrans et des traîtres, à l'Héroïsme, à la Liberté et à l'Egalité, à l'Amour conjugal, etc., etc. Au frontispice de tous les temples brillera bientôt cette inscription : *Le peuple français reconnaît l'Etre suprême et l'immortalité de l'âme.* Le nouveau culte aura ses idoles inanimées ou vivantes, ses déesses coiffées du bonnet de liberté et drapées à l'antique. Il aura ses martyrs offerts aux adorations d'un peuple en délire : le régicide Lepelletier, assassiné par le garde du corps Paris, le frénétique Chalier, mort sur l'échafaud à Lyon, enfin le sanguinaire Marat, sacré demi-dieu par le poignard de Charlotte Corday et dont la hideuse effigie s'étalera dans tous les lieux publics et souillera tous les sanctuaires.

A côté de ces trois sinistres figures et comme pour servir de contraste, en voici deux autres plus jeunes et pures de toute tache. Ce sont deux adolescents, presque des enfants, tombés sur le champ d'honneur et dont on fera les patrons de la jeunesse guerrière : Joseph Barra et Agricole Viala.

II

Leur biographie n'exige pas de longs développements.

Joseph Barra, ainsi qu'on l'a vu plus haut, servait en qualité d'enrôlé volontaire dans les rangs de l'armée républicaine qui combattait en Vendée. Un jour il se trouve cerné par une troupe de Vendéens qui le somment de crier vive le roi et de leur livrer deux chevaux qu'il tient par la bride : il refuse courageusement et expire à l'instant sous leurs coups.

Agricole Viala était un enfant d'Avignon qui, au moment où les révoltés du midi approchaient de la ville et se préparaient à traverser la Durance, s'empara d'une hache et essaya de couper le câble jeté d'une rive à l'autre et à l'aide duquel on faisait avancer les bateaux. Accueilli par une vive fusillade, il fut mortellement blessé avant d'avoir pu accomplir son dessein.

Ce double épisode fut signalé aux comités de gouvernement et fit naître dans l'esprit de Robespierre l'idée d'en tirer parti pour enflammer l'enthousiasme de la jeunesse. Il présenta lui-même à la Convention un rapport sur la fin glorieuse des deux jeunes volontaires et demanda pour leur mémoire les honneurs du Panthéon. La Convention s'empressa de les décerner et décréta, en outre, qu'elle assisterait en corps à cette apothéose. Les noms de Barra et de Viala, jusqu'alors inconnus, jouirent tout-à-coup d'une célébrité retentissante et leur gloire posthume

2.

éclipsa bien des renommées. La plume et le crayon, l'éloquence et la poésie les glorifièrent à l'envi, et les feuilles publiques les rendirent populaires d'un bout à l'autre du territoire. Les petits écoliers surent par cœur les vies de Barra et de Viala, racontées dans le catéchisme républicain, et eurent sans cesse leur image sous les yeux. Naturellement, la légende s'en mêla, embellissant, amplifiant leurs hauts faits et leur prêtant toutes les vertus, toutes les perfections. On se plut à voir en eux les modèles du plus pur civisme, et le Tyrtée de la Révolution, Marie-Joseph Chénier, leur consacra dans le *Chant du Départ* cette strophe que les enfants chantèrent dans les cérémonies publiques :

> De Barra, de Viala le sort nous fait envie.
>   Ils sont morts, mais ils ont vaincu.
> Le lâche accablé d'ans n'a pas connu la vie ;
>   Qui meurt pour le peuple a vécu.
>   Vous êtes vaillants, nous le sommes ;
>   Guidez-nous contre les tyrans !
>   Les républicains sont des hommes,
>   Les esclaves sont des enfants.
>
>   La République nous appelle ;
>   Sachons vaincre, sachons périr.
>   Un Français doit vivre pour elle,
>   Pour elle un Français doit mourir !

III

Le *Recueil des actions héroïques et civiques des républicains français*, rédigé par le conventionnel Léonard Bourdon, au nom du comité d'instruction publique, et qui était envoyé gratuitement aux armées, aux écoles, aux municipalités et aux sociétés populaires, résume comme il suit la vie et les exploits du jeune Barra (numéro du 10 nivôse de l'an II) :

« ... Toute l'armée a vu avec étonnement Jo-
« seph Barra, équipé en hussard, à peine âgé de
« treize ans, affronter tous les dangers, charger
« toujours à la tête de la cavalerie ; elle a vu une
« fois ce jeune héros terrasser et faire prison-
« niers deux brigands qui avaient osé l'attaquer.
« Ce généreux enfant, entouré par les rebelles, a
« mieux aimé périr que de se rendre et de leur
« livrer deux chevaux qu'il conduisait. Il est
« mort en criant : Vive la République !

« Pendant tout le temps qu'il a servi dans les
« troupes de la République, se bornant aux dé-
« penses d'une absolue nécessité, il faisait passer
« à sa mère, chargée d'une famille nombreuse
« et indigente, tout ce qu'il pouvait économi-
« ser.

« La Convention nationale a décerné à ce jeune
« héros les honneurs du Panthéon français. »

Un autre recueil, *les Annales du civisme et de la vertu*, par le même Léonard Bourdon, raconte les faits dans des termes presque identiques (numéro du 27 frimaire de l'an II). Nous avons sous les yeux un petit catéchisme du temps, par demandes et réponses, qui a dû traîner longtemps sur les tables de l'école, car il est tout usé aux coins, taché d'encre et déchiré par endroits. Il a pour titre : *L'Ami des jeunes patriotes ou Catéchisme républicain, dédié aux jeunes martyrs de la liberté, par Chemin fils, auteur de l'Alphabet répu-*

blicain, accepté par la Convention nationale et approuvé par la Commune de Paris. A Paris, à l'imprimerie de l'auteur, rue de Glatigny, n°7, en la Cité, au bas du pont de la Raison, an II de la République. Cet opuscule contient dix chapitres ou « entretiens » consacrés en grande partie à l'explication des Droits de l'homme et du citoyen. Le premier entretien est intitulé : LES JEUNES MARTYRS DE LA LIBERTÉ. Nous en donnons ci-après un extrait ; mais nous ferons observer que l'auteur se contredit lui-même en faisant de Barra d'abord un tambour, puis un hussard, et que le récit ou la légende offre des scènes trop invraisemblables pour être admises sans examen :

« *Demande.* — Comment doit-on aimer sa pa-
« trie ?

« *Réponse.* — Plus que soi-même.

« D. — A quel âge devons-nous donner des
« preuves de notre amour pour la patrie ?

« R. — Aussitôt que nous le pouvons, parce
« qu'en naissant nous appartenons à la patrie,
« qui prend soin de nous depuis le premier mo-
« ment de notre existence.

« D. — Y a-t-il une patrie sans liberté ?

« R. — Non, il n'y a de patrie que pour les
« hommes libres. Il n'y en a pas pour les es-
« claves ; car tant qu'ils n'ont pas le courage de
« secouer le joug du despotisme, leurs person-
« nes, leurs biens, la terre qui les a vus naître,
« tout appartient à leurs tyrans.

« D. — On ne peut donc pas être bon patriote
« sans être ardent ami de la liberté ?

« R. — Non.

« D. — Y a-t-il eu des jeunes gens qui ont
« montré ce vrai patriotisme ou cet amour de la
« liberté ?

« R. — Oui.

« D. — Cite-moi plusieurs de ces jeunes héros.

« R. — Avec plaisir. Je commencerai par
« Barra, qui a donné à la jeunesse l'exemple de
« toutes les vertus et à qui la Convention a dé-
« cerné les honneurs du Panthéon pour appren-
« dre aux jeunes français que leurs vertus sont
« aussi sous les regards des représentants du
« peuple. Ce généreux enfant, âgé de douze ans,
« *tambour dans un bataillon* employé contre les
« rebelles de la Vendée, qui voulaient anéantir
« la République pour ressusciter toutes les hor-
« reurs du despotisme, tombe entre les mains de
« ces brigands. Ils le somment de crier : Vive le
« roi ! Il ne répond que par le cri de : Vive la
« République ! En ce moment, il tenait par la
« bride deux chevaux. Un des rebelles le somme
« de se rendre et de lui remettre ses deux che-
« vaux : « A toi, brigand, lui répond-il, le che-
« val du commandant et le mien ?... Ah ! bien
« oui ! » Les scélérats, ne pouvant le forcer à une
« action lâche, le percent de coups et il expire
« martyr de la liberté.

« Son extrême jeunesse ne l'avait pas empê-
« ché de se faire remarquer par plusieurs traits
« héroïques. Il servait *dans une compagnie d'hus-*
« *sards* (sic), composée de jeunes gens qui,
« comme lui, s'étaient volontairement formés. Il
« va à l'armée le jour de l'attaque et voit que son
« commandant, qui le connaît bon patriote, ba-

« lance à brûler une maison, seul bien que pos-
« sède sa famille. Ce généreux enfant, comptant
« son intérêt pour rien à côté de celui de la pa-
« trie, porte lui-même le feu à sa maison en di-
« sant : « Elle pourrait servir d'asile aux bri-
« gands ; sa destruction est nécessaire au bien
« public. »

« Il avait encore montré son courage quelques
« jours auparavant en combattant les rebelles
« avec intrépidité. Atteint de deux balles, dont
« l'une brisa son pistolet et l'autre traversa son
« manteau, il n'en resta pas moins ferme à son
« poste.

« Le républicanisme est la source de toutes les
« vertus, comme le royalisme est le père de tous
« les crimes. Aussi le jeune Barra, qui servait si
« bien sa patrie, nourrissait sa mère indigente
« du produit de sa paye et mangeait du pain sec
« pour fournir plus abondamment aux besoins
« de celle à qui il devait le jour.

« Il est mort, mais il a assez vécu, puisqu'il a
« donné à ses camarades un si bel exemple de
« patriotisme et de piété filiale. Sa mémoire est
« immortelle et son nom ne sera jamais prononcé
« qu'avec attendrissement par tous les bons fran-
« çais................................... »

IV

Comme Joseph Barra, Agricole Viala trouva de
nombreux et ardents panégyristes et son histoire

légendaire fut colportée en tout lieu. Il existe sur lui un imprimé offrant le plus vif intérêt et devenu aujourd'hui très-rare : c'est son éloge funèbre, composé par ordre de la Convention et qui fut publié à un nombre infini d'exemplaires. Le style en est prétentieux, emphatique et brûlant de ce feu révolutionnaire qui dévore tout ce qu'il touche. Nous croyons être agréable à nos lecteurs en mettant ce document sous leurs yeux :

PRÉCIS *sur la vie d'*AGRICOLE VIALA, *envoyé le* 13 *messidor an* II *pir la Commission d'Instruction publique aux armées, départements, districts, municipalités et sociétés populaires de la République.*

« Tandis que la patrie reconnaissante ouvre à
« ses grands hommes le temple de l'immortalité,
« tandis qu'à l'ombre de la palme civique leurs
« mânes sacrés reposent entourés de respect,
« d'amour et de regrets, il est du devoir de la
« Commission de répandre la leçon de leurs ac-
« tions, l'exemple de leur mort.

« Ce n'est pas assez que l'airain et le marbre
« conservent leurs noms au milieu du silence
« des tombeaux, ils sont appelés à revivre dans
« la mémoire publique. Tous les cœurs, toutes
« les bouches doivent les porter d'âge en âge à
« travers le déluge des ans pour instruire par
« eux la postérité la plus reculée. La puissance
« électrique de ces noms sacrés doit embraser
« toutes les âmes, commander les vertus, l'hé-
« roïsme et la victoire.

« Ainsi du haut du Panthéon les Marat, les
« Lepelletier, les Chalier, les Beauvais, tous ces
« héros vivants de notre amour et de leur gloire,

« crient à tous les français : Qu'il est beau de
« mourir pour la patrie !

« Tu les connaissais, jeune Viala, ces noms
« chéris, tu les connaissais ! Ta mère t'avait en-
« seigné à les prononcer avec attendrissement ;
« ton cœur t'apprit à imiter leurs leçons subli-
« mes ; ta première action t'égale à tes modèles ;
« la mort n'a rien dérobé à ta gloire, elle n'est
« prématurée que pour la patrie ! Ton exemple
« nous reste ; c'est à nous à le faire germer dans
« le cœur de nos enfants.

« Les détails exats et précis du dévouement
« héroïque, de la mort touchante de l'émule de
« Barra ne sont pas encore bien connus. Quoi-
« que Robespierre ait jeté les prémières fleurs
« sur sa tombe, quoiqu'il ait offert à ses!mânes
« satisfaits les regrets, les éloges dus à tant de
« courage, à tant de jeunesse, il n'entrait ni
« dans le dessein, ni dans la nature de son rap-
« port de suivre cette action dans ses détails,
« d'en développer scrupuleusement les circons-
« tances. Les mouvements de l'orateur auraient
« langui dans cette exactitude didactique.

« La Commission, instruite par des renseigne-
« ments postérieurs puisés sur les lieux chez
« les parents du jeune Viala, s'empresse d'en
« répandre le récit pour rendre à ce martyr de
« la liberté ce qui lui appartient, pour concourir
« au juste tribut de la reconnaissance nationale,
« surtout pour apprendre aux jeunes français
« que l'amour de son pays est une source fécon-
« de de gloire et de vertus et qu'en courant à
« la mort un républicain cherche moins à vivre
« dans l'histoire qu'à sauver la patrie et assurer
« la félicité publique.

« Dans le courant du mois de juillet 1793, des
« brigands, échappés des murs de Marseille,
« réunis à tous les partisans de l'aristocratie que
« renfermait le midi, nourrissant le dessein
« insensé de marcher droit à Paris et d'y détrui-
« re la représentation nationale, déployaient
« dans leurs courses le drapeau de la guerre ci-
« vile et de la rébellion. Aix, Lambesc, Arles,
« Tarascon ont éprouvé les effets de leur rage
« contre-révolutionnaire. Déjà ils menacent les
« bords de la Durance ; les patriotes avignon-
« nais, fidèles à la cause du peuple, sont debout,
« résolus de s'opposer à leur passage ; ils occu-
« pent la rive droite de ce fleuve.

« Les rebelles sont supérieurs en nombre et
« en artillerie ; les pontons sont en leur pouvoir.
« Couper précipitamment les câbles à l'aide des-
« quels ils vont traverser la rivière, c'est l'uni-
« que ressource qui reste aux républicains. Le
« tenter, c'est courir à une mort certaine, car
« une pluie de feu couvre la rive vers laquelle il
« faut s'avancer. Agricole Viala, âgé de treize
« ans, se présente pour cette expédition. Son
« courage au dessus de sa jeunesse et son patrio-
« tisme l'avaient élevé au grade de comman-
« dant général de la petite garde nationale con-
« nue sous le nom de l'*Espérance de la patrie*. Ce
« jour-là il avait quitté ses épaulettes et s'était
« glissé sans qu'on s'en aperçût dans les rangs
« des citoyens. La consigne aux portes de la ville
« était de ne laisser sortir ni femmes ni enfants.
« Il se présente ; on le refuse. Indigné de ce qu'il
« appelle un affront, il s'élance sur une hache,
« s'arrache des mains de ceux qui veulent l'ar-
« rêter et marche à pas précipités du côté des flots.

« Sa hache est suspendue à sa ceinture ; et tan-
« dis qu'il franchit l'espace qui sépare la chaus-
« sée de pierre, où les républicains sont retran-
« chés, du poteau où le câble est fixé, il détache
« le léger mousquet dont il s'était armé et fait
« feu sur les ennemis.

« Cependant les deux rives vomissent la flam-
« me ; les balles sifflent et se croisent. Viala,
« toujours seul, arrive au poteau ; là il jette son
« fusil, saisit sa hache et frappe à coups redou-
« blés le câble énorme. Pendant le trajet et de-
« puis qu'il frappait, il avait essuyé sans pâlir
« cinq décharges de mousqueterie ; à la sixième,
« une balle le frappe au sein, la hache s'échappe
« de son jeune bras, il fait quelques pas, chan-
« celle et tombe en prononçant ces mots sacrés :
« Ils ne m'ont pas manqué ; cela est égal, je
« meurs pour la liberté ! »

« Le brave Guinand, son voisin et son ami,
« l'avait suivi de loin. Etendu dans un ravin à
« quelques pas, il recueillit ses dernières paro-
« les ; il voudrait enlever son corps, mais la
« mort pleuvait à ses côtés et il est forcé de s'é-
« loigner. Un prêtre de Saint-Denis s'attribua sur
« le champ de bataille l'honneur de l'avoir assas-
« siné, honneur que lui disputa un jeune fanati-
« que de Noves. Les rebelles, après avoir traver-
« sé la Durance, eurent la lâcheté d'insulter aux
« restes de ce jeune héros. Comme s'ils eussent
« voulu chercher et poursuivre quelque souffle
« de vie dans ce corps inanimé, ils y plongèrent
« leurs bayonnettes et l'ensevelirent dans les flots.

« Nous n'essaierons pas de rendre la douleur
« de la mère ; conservons-la dans toute sa subli-
« me simplicité. Elle idolâtrait son Agricole: que

« les mères jugent de l'amertume de ses regrets !
« Après les premiers cris, ces cris déchirants de
« la nature et du sentiment : « Citoyenne, lui
« dit-on, vous êtes patriote ; eh bien, pour adou-
« cir votre douleur, songez qu'il est mort pour
« la patrie. » « Ah ! c'est vrai, reprit-elle, il est
« mort pour la patrie, » et ses larmes séchè-
« rent.

« Quelle femme ! quelle mère ! quelle ci-
« toyenne !

« Pour acquitter la dette du peuple envers cette
« victime du bien public, la Convention, dans sa
« séance du 18 floréal, a décrété que l'urne de ce
« jeune héros serait portée au Panthéon le 30
« messidor avec celle du jeune Barra, et
« qu'elle même assisterait en masse à cette céré-
« monie. »

V

L'art du dessin contribua pour sa part à vul-
gariser le trépas glorieux et l'apothéose des
« deux jeunes héros. » Leur portrait, celui de
Barra surtout, fut exposé dans toutes les écoles
et figura, comme image de dévotion, au frontispice des livres destinés à l'instruction de l'en-
fance. Le catéchisme dont nous avons cité un
extrait possédait le sien qui a été arraché par la
main irrespectueuse de quelque bambin. Nous
avons entre les mains un autre petit livre du
même genre intitulé: *Catéchisme de la déclaration
des droits de l'homme et du citoyen, par J.-B.*

Boucheseiche, maître de pension, et qui est orné d'une jolie vignette très-finement exécutée dont voici le sujet :

Le jeune Barra, vêtu d'un élégant uniforme de hussard et affectant une pose héroïque, est au pied d'un arbre, le sabre nu à la main et de l'autre tenant deux chevaux par la bride. Devant lui gisent les cadavres des ennemis qu'il vient d'immoler. A l'arrière-plan on distingue des maisons en flammes et un parti de hussards qui fuient courbés sur leurs montures. Une troupe nombreuse de Vendéens, cocarde blanche au chapeau, armés de fusils, de sabres et de piques, entoure le guerrier imberbe. L'un d'eux, à l'aspect féroce, lui appuie sur la poitrine la pointe de sa pique et le menace de le tuer s'il ne lui livre les chevaux confiés à sa garde ; mais Barra le regarde d'un air de défi et lui répond ce paroles textuelles qui servent de légende à la gravure : « A toi, « foutu brigand, le cheval du commandant et le « mien ? Ah ! bien oui !.. » Au dessous on lit : *Trait héroïque du jeune Barras* (sic).

Une estampe dont nous avons sous les yeux le fac-simile, représente le même Barra couronné par la Liberté. La déesse n'a qu'une moitié de chemise, sans doute pour symboliser la misère du temps, et porte le classique bonnet phrygien. Au fond se profilent le portique et la coupole du Panthéon, demeure dernière des héros. Une seconde estampe nous montre Agricole Viala se dévouant sur les bords de la Durance. Habillé en garde national, tête nue et une hache à la main, il vient de couper le câble et de fermer le passage à l'ennemi, ce qui est en contradiction avec le texte du récit reproduit plus haut. De la rive opposée, les insurgés du midi, debout sur des barques, l'accablent d'une grêle de balles. Mentionnons encore les nombreux bustes de Barra et de Viala, presque tous en plâtre et périssables comme leur gloire, bustes qui furent promenés en grande pompe dans des processions civiques de même que ceux des autres saints inscrits au martyrologe républicain, les Marat, Lepelletier et Chalier.

La séance du 18 floréal avait vu rendre à la fois le décret qui instituait le culte de l'Eternel et celui qui ouvrait le temple de l'immortalité à Barra et Viala. Le premier de ces décrets portait en outre que le 20 prairial une fête serait célébrée en l'honneur de l'Etre suprême, d'après les plans du peintre David et en présence de toute la Convention. Elle eut lieu au jour marqué avec une splendeur inusitée. Robespierre y pontifia gravement, prononça un discours spiritualiste et mit lui-même le feu à un groupe de carton qui figurait le monstre de l'Athéisme. Ce jour-là, la guillotine chôma et l'échafaud fut voilé par des tentures ; mais dès le lendemain l'instrument de mort reprenait plus fiévreusement encore qu'auparavant sa lugubre besogne, de sorte que l'Etre suprême de Robespierre ressemblait à ces idoles barbares qu'on ne parvient à apaiser que par des sacrifices humains. La fête en l'honneur de Barra et de Viala fut célébrée quatre décades plus tard, c'est-à-dire le 30 messidor, mais avec moins de magnificence(1)La Convention accompagna au Panthéon les urnes funéraires qui étaient censées renfermer leurs cendres et les plus grands honneurs furent rendus à leur mémoire. Les deux jeunes patriotes avaient été devancés sous ces

(1) La fête de Barra et de Viala, fixée d'abord au 30 prairial, fut renvoyée par décret au décadi suivant 10 messidor.

voûtes par Mirabeau, Voltaire, Lepelletier, et ils y attendirent Rousseau et Marat.

La puissance de Robespierre, arrivée à son apogée, allait décliner rapidement et il devait bientôt franchir la courte distance qui sépare le Capitole de la Roche Tarpéiennne. Son orgueil et ses exigences avaient révolté ses collègues ; ce pontificat qu'il s'arrogeait et dont il éblouissait les yeux de la foule leur semblait un premier pas vers la dictature, et le jour même où il présidait à la fête de l'Etre suprême, alors que, le front rayonnant, il savourait les hommages serviles et les acclamations enthousiastes, il entendit résonner à son oreille des menaces sinistres qui le glacèrent d'effroi et lui présagèrent sa fin prochaine.

VI

La province a été de temps immémorial l'humble imitatrice de Paris et n'a jamais manqué de ressentir le contre-coup de tout ce qui le secoue' et le transporte. Cette observation s'applique aussi bien aux fêtes et réjouissances publiques qu'aux évènements qui changent la face d'un empire. La fête de l'Etre suprême fut, à l'exemple de Paris, célébrée dans toutes les communes de France et celle de Barra et Viala le fut également dans un grand nombre de cités. Pour rester dans notre rôle d'historien local, nous publierons le compte-rendu circonstancié de la célébration à Laigle de la fête de Barra et Viala ; mais tout d'abord il nous semble à propos de montrer par un rapide aperçu quelle était la situation de notre ville durant cette période de la Révolution.

Le système de la Terreur avait courbé la France entière sous le joug de la Convention, dont l'autorité se trouvait concentrée entre les mains du Comité de salut public et qui, en faisant tout trembler sous elle, tremblait elle-même devant les maîtres qu'elle s'était donnés. Afin de fortifier les ressorts de cette machine redoutable, elle avait pris le parti d'envoyer en mission dans les départements ceux de ses membres qui se faisaient le plus remarquer par leur exaltation et leur sauvage énergie. Ces ministres de ses vengeances ont été désignés sous le nom de proconsuls ; armés de pouvoirs illimités, ils étaient chargés d'épurer (c'était le terme consacré) les corps constitués et les fonctionnaires de tout ordre et de prendre toutes les mesures qu'ils jugeraient utiles à leur cause. Beaucoup d'entre eux se rendirent tristement célèbres et commirent des atrocités dont le récit fait frémir.

Dans les premiers jours de ventôse de l'an II (février 1794) arrivait à Laigle le représentant du peuple Bentabole, dont la mission embrassait les départements de l'Orne et d'Eure-et-Loir. Terroriste ardent, montagnard et jacobin, il avait été l'ami intime de Marat et était resté son admirateur passionné ; il nourrissait d'ailleurs contre Robespierre une vive jalousie et devait bientôt se ranger parmi les plus violents thermidoriens. Bentabole visitait alors les chefs-lieux de district de l'Orne, réorganisant, de concert avec les agitateurs des clubs, les corps administratifs et judiciaires, destituant et incarcérant au besoin les fonctionnaires suspects d'incivisme et mettant à leur place de purs jacobins ou, pour parler le langage du temps, de vrais sans-culottes.

Le représentant accomplit à Laigle sa tâche accoutumée et trouva dans les coryphées du club ou société populaire des coopérateurs aussi fougueux qu'exempts de scrupules. Dès cet instant la terreur fut au comble dans notre malheureuse ville qui, déjà ensanglantée par le plus abominable des forfaits, allait être la proie de la poignée de scélérats et de brutes dont se composait le comité révolutionnaire. Ce terrible comité qu'inspirait et dominait un être dépravé, le journaliste Coesnon-Pellerin, exerça une autorité sans limites ni contrôle et réduisit la municipalité et le district au rôle de simples satellites. Il disposait souverainement de la force armée, opérait des perquisitions, saisissait et emportait tout ce qui était à sa convenance, plongeait dans les cachots, au gré de son caprice, les gens les plus honorables, hommes, femmes, vieillards et jusqu'à des infirmes et des enfants, frappait des impôts sur les riches et les exigeait le pistolet sur la gorge, arrêtait les voyageurs, décachetait les correspondances à la poste, accablait de vexations les habitants des campagnes, réquisitionnait les vivres et les denrées, parfois pour son propre usage, encourageait, provoquait et récompensait la délation, se livrait à tous les excès, à toutes les orgies, et avait fini par devenir un objet d'horreur pour les républicains eux-mêmes.

Ce fut surtout contre la religion et ses ministres que se déchaîna la fureur de ces énergumènes. Parmi les prêtres demeurés fidèles à leur foi et à leur Dieu, beaucoup avaient pris le chemin de l'exil, d'autres gémissaient au fond des prisons, d'autres encore avaient péri sous le fer des assassins. Quelques uns, en petit nombre, se tenaient tapis dans des antres obscurs et échappaient ainsi aux coups de leurs persécuteurs. De son côté, le clergé constitutionnel était tombé du schisme dans l'apostasie, de la lâcheté dans la trahison, et livrait aux iconoclastes les objets du culte et jusqu'à ses lettres de prêtrise qui étaient publiquement brûlées devant les autels profanés ou au pied de l'arbre de la liberté. Le curé intrus de Saint-Martin de Laigle, l'abbé Godey, déjà marié depuis un an, se signala par l'éclat de son apostasie et fit une déclaration impie dont rien n'égale le cynisme. L'église Saint-Martin se nommait le temple de la Raison ; on avait envoyé à la Monnaie les vases sacrés et les matières précieuses ; les cloches, à l'exception de la Pourçainte et de celle de l'horloge, étaient converties en canons, et sur le sommet de la tour, remplaçant la croix des ancêtres, brillait l'emblème du jacobinisme, l'ignoble bonnet rouge.

Le bruit se répandit qu'il y avait dans la ville des prêtres cachés, qu'on disait secrètement la messe chez des particuliers. Le comité révolutionnaire fit d'actives recherches à la suite desquelles on trouva dans diverses maisons des ornements sacerdotaux et des objets de piété. Les arrestations se multiplièrent et l'effroi redoubla dans tous les foyers. Sur ces entrefaites, on découvre chez les époux Morel, fermiers de la Pichottière, à Saint-Sulpice-sur-Rille, un ancien vicaire de Crulai, l'abbé Lemaître, qui s'y trouvait seulement depuis deux jours. Il est aussitôt arrêté avec ses deux hôtes et l'on fait subir le même sort à la veuve Anquetin, de Laigle, qui l'avait caché chez elle l'espace de dix-huit mois. Un décret de la Convention punissait de mort les prêtres réfractaires âgés de moins de soixante ans, qui s'étaient soustraits à la déportation, ainsi que tous ceux qui leur auraient donné asile. Cette loi atroce fut appliquée par des juges féroces, des bourreaux plutôt que des juges, et le 9 germinal de l'an II (19 mars 1794), jour d'opprobre et de deuil, l'échafaud révolutionnaire se dressait sur la place Saint-Martin, appelée par une cruelle ironie place de la Liberté. Les quatre condamnés, l'un martyr de sa foi religieuse, les trois autres victimes de leur dévouement au malheur, y montèrent tour à tour, et à chaque coup du fatal couteau répondirent les cris de vive la République ! vive la guillotine ! poussés par la plus abjecte populace [1].

Onze jours après l'exécution, tandis que l'épouvante planait sur la cité et que tous les cœurs honnêtes étaient sous l'impression de cette sanglante tragédie, on célébrait à Laigle une fête qui en fut le digne épilogue : l'apothéose de Marat, Lepelletier et Chalier. L'image de l'apôtre du meurtre, de l'odieux instigateur des massacres de Septembre, fut portée en triomphe au milieu d'un brillant cortége, au bruit des instruments et des chants, sous les couronnes et les fleurs. Une jeune femme en tunique grecque représentait la déesse de la Victoire ; une autre, assise sur un char que surmontait le bonnet phrygien, figurait la Liberté et avait autour d'elle l'essaim des Vertus civiques. Le buste de Marat

---

(1) Voir le procès-verbal de l'exécution aux archives du Palais de justice d'Alençon.

fut placé sur un autel, dans le temple de la Raison, et y reçut les hommages et l'encens de ses vils adorateurs.

Le 20 prairial suivant, ce fut le tour de la Fête de l'Etre suprême. La relation n'en a pas été conservée, en admettant qu'elle ait jamais été faite ; mais nous savons qu'il y eut de grands préparatifs et qu'on déploya une pompe extraordinaire. A ce moment, en vertu du décret du 18 floréal, l'église Saint-Martin avait cessé d'être le temple de la Raison pour devenir celui de l'Etre suprême, et le long de la façade méridionale, veuve de ses saints de pierre, se déroulait cette inscription en gros caractères lisible encore aujourd'hui sous une autre plus récente : LE PEUPLE FRANÇAIS RECONNOÎT L'ETRE SUPRÊME ET L'IMMORTALITÉ DE L'AME. La solennité du 20 prairial inaugurait à Laigle l'établissement de la religion nouvelle et l'institution des fêtes décadaires décrétées sur la proposition de Robespierre.

Nous devons signaler en passant la différence essentielle qui existe entre les fêtes publiques du commencement de la Révolution et celles de la période de la Terreur. Les premières, toutes spontanées, jaillissaient de l'enthousiasme populaire comme d'une source vive et la religion venait en rehausser l'éclat en y associant ses pompes. Leur objet naissait de circonstances locales et variait avec elles : c'étaient des plantations d'arbres de la liberté, des serments fédératifs ou civiques, des bénédictions de drapeaux. Les secondes, au contraire, étaient en quelque sorte imposées et avaient un caractère général ; le programme, bourré d'imitations gréco-romaines, arrivait souvent tout fait de Paris qui fournissait en outre les emblèmes et une partie des décors. Ce programme comportait force allégories, des chants et des danses, des exhortations et des invocations, des groupes, des chars et des déesses, des promenades civiques, des pantomines militaires, parfois aussi des scènes sentimentales et pastorales contrastant péniblement avec les effroyables hécatombes qui rougissaient le sol français. Tout était prévu, hormis l'enthousiasme qui ne se commande pas, et ces représentations où le sérieux s'alliait au burlesque n'étaient accueillies que par les acclamations d'un parti et par l'indifférence de la majorité de la population.

C'est que, depuis les premiers jours de la Révolution, un grand changement s'était opéré dans les esprits. Ce n'était plus le temps où tous les cœurs s'ouvraient à l'espérance, où l'on marchait comme dans un songe vers un avenir de sainte concorde et de vague félicité. L'Eden entrevu s'était évanoui ; l'illusion aux ailes d'or était tombée de son nuage sur des décombres teints de sang, et cette Liberté dont le nom magique avait électrisé les masses se trouvait n'être qu'une divinité menteuse cachant sous son masque la plus horrible tyrannie. L'hostilité du public à l'endroit des fêtes républicaines, contenue par la crainte sous la Convention, devait sous le Directoire se donner libre carrière et se traduire par des quolibets, des sarcasmes et des manifestations injurieuses.

Rendons toutefois cette justice à la Convention que dans l'établissement de ces sortes de fêtes elle ne vit pas seulement un instrument de domination et qu'elle se proposa aussi de réveiller le sentiment national, d'entretenir les vertus militaires, d'inculquer à la jeunesse les notions de patrie, de gloire, de sacrifice, d'héroïsme. C'est par de semblables moyens, unis à une prodigieuse activité et à une indomptable énergie, qu'elle put tenir tête à l'Europe entière et imprimer à ses quatorze armées l'élan irrésistible qui déconcerta les plans de la coalition. La France offrait à cette heure décisive de son existence un spectacle fécond en contrastes et vraiment digne de méditation. Victorieuse et formidable au dehors, elle était esclave chez elle et ressentait la terreur qu'elle répandait au loin. Elle fut puissante et misérable, superbe et avilie ; cent mille parasites aussi lâches que cruels s'acharnaient sur ce corps robuste, suçaient ce sang généreux, et l'on eût pu la comparer à un lion dévoré par la vermine.

VII

La fête en l'honneur de Barra et de Viala, célébrée à Paris le 30 messidor de l'an II ne le fut à Laigle que dix jours après, c'est-à-dire le 10 thermidor (28 juillet 1794). Il y avait alors sur la place Saint-Martin, à peu de distance de l'arbre de la liberté, un cube en maçonnerie entouré de degrés : c'était l'autel de la patrie. Quelque temps avant, à l'occasion de la fête de l'Etre suprême, on y avait placé la statue en plâtre de la Liberté, représentée assise sur un roc et le bras appuyé sur un faisceau. C'est autour de cet autel et dans l'église voisine, transformée en temple, qu'avaient lieu les fêtes civiques et que fut célébrée celle de Barra et Viala dont nous allons reproduire le compte-rendu :

4.

(1) Voir la note rectificative de la page 21

FÊTE DE BARRA ET VIALA

« En exécution de l'arrêté du conseil munici-
« pal, portant qu'il serait célébré le premier dé-
« cadi de thermidor une fête en mémoire de
« Barra et Viala, et conformément au plan rédigé
« par ses commissaires réunis à ceux de la socié-
« té (populaire) et du comité révolutionnaire, les
« autorités constituées dont tous les membres
« portaient les signes extérieurs des corps aux-
« quels ils appartiennent, le président et les se-
« crétaires de la société (populaire), le corps de
« musique et la garde nationale en armes, se sont
« assemblés à deux heures précises de relevée
« dans la cour de la maison commune d'où le cor-
« tége est parti dans l'ordre ci-après indiqué :

« Le premier peloton de la garde nationale,
« portant l'arme sous le bras, ouvrait la marche
« et était immédiatement suivi par la compagnie
« respectable des vétérans, revêtus de leurs
« écharpes blanches.

« Les autorités constituées, confondues, of-
« fraient le spectacle ravissant de la fraternité
« et de l'union qui règnent et doivent régner en-
« tre les magistrats d'un peuple libre. Elles for-
« maient deux haies disposées de chaque côté de
« la rue au milieu desquelles on apercevait cinq
« groupes :

« Le premier était le corps des musiciens.

« Le second, quatre jeunes citoyens des plus
« méritants choisis par leurs instituteurs. Deux
« d'entre eux portaient les bustes de Barra et Viala
« et les deux autres les urnes qui renfermaient (1)

____

(1) Qui étaient censées renfermer...

« les restes immortels de ces jeunes héros.

« Le troisième, le président et les secrétaires
« de la société populaire.

« Le quatrième, douze jeunes citoyennes por-
« tant chacune une corbeille remplie de fleurs.

« Le cinquième, les respectables mères dont
« les enfants sont glorieusement morts pour la
« défense de la patrie. C'est à elles qu'il apparte-
« nait de tenir un rang particulier dans la célé-
« bration de la fête de ces illustres martyrs de la
« liberté.

« La compagnie des adolescents marchait en-
« suite et était suivie du dernier peloton de la
« garde nationale qui fermait la marche et
« qui, comme le premier, portait l'arme sous le
« bras.

« Une salve d'artillerie se fit entendre et an-
« nonça le départ du cortége. De la maison
« commune il se rendit sur la place de la Li-
« berté.

« Les corps administratifs entourèrent l'autel
« de la patrie par un demi-cercle ; la compagnie
« des adolescents se plaça en face, les cinq grou-
« pes sur les côtés et la garde nationale autour de
« la place.

« Le silence le plus morne succéda alors aux
« sons lugubres de la musique ; tous les yeux se
« fixèrent sur les restes glorieux de ces jeunes
« martyrs de la liberté ; l'air retentit un instant
« après de ces exclamations républicaines :

« Ils sont morts pour la patrie !

« Ils sont morts pour la patrie !

« Ils sont morts pour la patrie !

« Les roulements funèbres des tambours se fi-
« rent entendre ; la musique peignit par ses sons
« tristes et lugubres la douleur et les regrets de
« la perte de ces jeunes républicains.

« Le maire s'avança sur le devant de l'amphi-
« théâtre et prononça un discours dans lequel il
« fit connaître les droits qu'ont acquis Barra et
« Viala à la reconnaissance nationale. Il retraça
« à la compagnie des adolescents les traits d'hé-
« roïsme dont ils se sont honorés ; en un mot,
« il les exhorta à imiter les vertus et le courage
« de ces héros.

« Un de ces adolescents sortit des rangs, ré-
« pondit au maire par un discours énergique,
« voua, au nom de ses camarades, une haine im-
« placable aux brigands couronnés, jura de ne
« poser les armes qu'après leur entière destruc-
« tion et, dignes émules de Barra et Viala, de
« mériter la dénomination si chère à leur cœur
« d'*Espérance de la patrie.*

« Le cortége se remit en marche dans l'ordre
« ci-dessus et se rendit au temple consacré au
« culte de l'Etre suprême. Un autel y était dressé
« avec la simplicité républicaine ; la parure était
« des branches de chêne et les bustes des repré-
« sentants du peuple morts pour la liberté, ornés
« de couleurs tricolores (1). Les bustes et les
« urnes de Barra et Viala y furent déposés ; la
« musique fit entendre de nouveaux sons plain-
« tifs et douloureux ; il se fit un profond silence ;
« le maire s'approcha des urnes et des bustes, les

---

(1) Il s'agit ici des bustes de Marat, Lepelletier
et Chalier. Ce dernier n'était pas représentant du
peuple.

« embrassa avec attendrissement et, les yeux levés
« au ciel, proclama en présence de l'Etre suprême
« et du peuple les honneurs de l'immortalité dus
« à Barra et Agricole Viala.

« Tout changea aussitôt, la douleur s'enfuit loin
« du temple, l'allégresse publique prit sa place,
« la sérénité était peinte sur tous les visages et
« chacun s'écria par trois fois : Ils sont morts
« immortels ! Les voûtes du temple retentirent
« des cris mille fois répétés de vive la Républi-
« que ! la musique donna des sons joyeux et les
« tambours battirent des marches guerrières ; les
« jeunes citoyennes jetèrent des fleurs sur les
« urnes et les bustes et la compagnie des adoles-
« cents fit des évolutions militaires dans le tem-
« ple.

« Le citoyen Esbrat, membre du comité d'ins-
« truction de la société populaire, monta à la tri-
« bune et mérita les applaudissements universels
« par un discours très-analogue à la fête qui fut
« suivi de diverses hymnes républicaines, à la
« suite desquelles le cortége se mit en marche
« pour faire une promenade civique et parcourut,
« au son bruyant des tambours et d'une musi-
« que guerrière et en chantant des couplets patrio-
« tiques, la partie haute et·basse de la com-
« mune.

« La cérémonie se termina par la conduite des
« corps administratifs à la maison commune où
« l'on fit entendre les cris réitérés de vive la
« République ! vive la Montagne ! mort aux
« tyrans, aux conspirateurs et aux traitres ! »

O inconstance de la destinée ! L'immortalité
solennellement promise aux mânes de Barra et de

Viala fut, hélas ! de courte durée et leur souvenir même alla s'affaiblissant et finit par disparaître. Une rue de Laigle, celle des Emangeards, avait reçu le nom de rue Barra, et un an était à peine écoulé que, par la plus noire ingratitude et la plus bizarre contradiction, on effaçait ce nom tant applaudi et glorifié pour lui substituer celui d'un étranger : la rue Barra devint la rue Guillaume Tell !

Si la gloire est éphémère, la popularité et la puissance ne le sont pas moins. Le pontife de l'Etre suprême, le tribun Robespierre, porté naguère sur le pavois démagogique à travers les cadavres amoncelés de ses innombrables victimes, fut subitement renversé dans la fameuse journée du 9 Thermidor, à l'instant où il exigeait de la Convention, décimée par lui à mainte reprise, un nouveau tribut de sang et lui demandait la tête de plusieurs de ses collègues. Ce fut la sienne qui tomba en compagnie de celles de ses principaux partisans ; il monta sur l'échafaud le 10 Thermidor, le jour même et presque à la même heure où l'on célébrait dans nos murs l'apothéose des deux jeunes volontaires à qui il avait trois mois auparavant ouvert les portes du Panthéon. Il est à croire que les graves événements accomplis à Paris la veille au soir et dans la nuit étaient déjà connus à Laigle au moment de la fête et que les cris de mort qui la terminèrent s'adressaient à Robespierre et à ses séides, car jamais idole ne fut brisée avec de tels transports et jamais tyran n'emporta dans la tombe plus d'anathèmes et de malédictions.

Peut-être le débordement de haine qui couvrit sa mémoire rejaillit-il sur celle de ses deux fa-

voris, Joseph Barra et Agricole Viala, et sa pro-
tection fut-elle pour eux une cause de proscrip-
tion, ce qui expliquerait la défaveur et le dédain
qui les accueillirent lors de la réaction thermido-
rienne et le rapide oubli qui en fut la suite. Le
culte de l'Etre suprême n'eut pas un meilleur
sort et survécut peu à son auteur ; mais les fêtes
décadaires et civiques furent conservées et l'on
se contenta d'en remanier le programme. C'est
ainsi qu'aux anniversaires qui y étaient inscrits
on en ajouta un nouveau que Robespierre n'avait
certainement pas prévu : celui des 9 et 10 Thermidor.

FIN.

Laigle, imp. P. Montauzé.

www.ingramcontent.com/pod-product-compliance
Lightning Source LLC
LaVergne TN
LVHW050320030726
842520LV00005B/1687